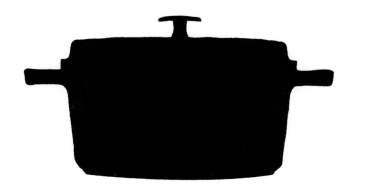

staub（ストウブ）まかせの
野菜たっぷりレシピ

1食200gの野菜をラクラク摂取！

大橋由香

医学監修　　栄養監修
堤 貴大　　前田量子

Introduction

ストウブ鍋が好きな人は、
食べることが好きな人が多いのではないかな？と思います。
どうしても、美味しいものを目の前にすると
「つい食べ過ぎてしまう」「食べることが我慢できない」
そんなお悩みの声もたくさん聞こえて来ていました。

私も食べることが好きですが、運動をして食事を整え……
という生活を続けてとても体が楽になったものの、
「減量したいのならばカロリーを減らし、生活運動強度を上げる」
このシンプルなルールが難しい人もたくさんいると思います。

食いしん坊の私は、減量中やはり辛い時もありましたが、
メニューは低脂質を基本としつつ、
ヘルシーなのにボリュームのある「野菜たっぷり」な食事を心がけ、
野菜で満足感を上げて"我慢しない食事"を続けています。

本書でもそのルールを活かし、"1食200g（以上）の野菜"がとれて、
医学的、栄養学的な側面から見てもバランスが良い
朝、昼、夕食＋おやつの健康的なメニューを収録しています。

ルールは作りましたが、気軽に取り組めることからやってみてほしい。
しっかり減量したい時はルールに沿ってやると楽ちん。
ゆるく体型をキープしたい時はもっと自由にレシピを使って。
普段の食事はヘルシーにしつつ、たまのご褒美には好きなものを。

私たちはダイエットのために生きているわけではありません。
誰もが一生続く"食べる"ということを楽しみながら
体のために運動習慣もつけつつ、好きなことをする。
ぜひ、ご自身に合った本書の活用方法を見つけ、
健康的な人生を楽しんでいただきたいと思っています。

大橋由香

本書について

朝・昼・夜ごはん・おやつのメニュー

本書では、素材の旨みをギュッと凝縮した調理が得意な「STAUB（ストウブ）」鍋を使って、"1食200g（以上）の野菜"が美味しく、ラクに食べられるようなレシピを掲載しています。また、朝食は「豆」「卵」、昼食は「肉類」、夕食は「魚類」と、1日全体の栄養バランスをみて、それぞれの食事ごとに取り入れたい推奨食材を含んだメニューになっています。

朝ごはん

昼ごはん

夜ごはん

おやつ

「豆」「卵」を取り入れ、健やかな1日のスタートを切れるよう、たんぱく質とビタミン、ミネラルをバランスよく補給します。

「肉類」を取り入れ、糖質、脂質をエネルギーに変えるビタミンB群を摂取して日中の脂肪燃焼を目指します。

「魚類」を取り入れ、脳など全身の細胞を健やかにする良質な脂を摂取します。翌朝も朝からしっかり食べられるように満腹になりすぎない量を意識しています。

不足しがちな「カルシウム」などの栄養素を補い、3食に加えて食べることで、より健康的な体づくりを促します。

野菜を摂取するメリット

野菜を摂取する医学的メリットとして、「あらゆる病気の予防になる」点が挙げられます。1日5サービング（約350g）以上の野菜と果物の摂取が心血管疾患、呼吸器疾患、がんでの死亡率が低下すると報告されています。
[Wang D, et al. Circulation. 2021 メタ解析]
さらに、女性において果物と野菜中心の食事が精神的健康をサポートする効果がある（完全菜食を除く）と報告されており、食事の満足度がアップし、心も健やかになることが期待できます。
[Guzek D, et al. Nutr. 2022 メタ解析]

本書の表記とカロリーについて

Recipe1
豆と野菜のスパイシー煮込み

1人分 242kcal　野菜量:263g
P 12.5g　F 8.5g　C 30.2g

[材料] 2人分

玉ねぎ … 1/2個 (100g)
セロリ … 1/2本 (50g)
にんじん … 1/2本 (75g)
トマト … 1/2個 (100g)
レッドキドニービーンズ (水煮)
　　… 110g
むき枝豆 … 90g
カレー粉 … 小さじ1
塩 … 小さじ1/2
オリーブ油 … 小さじ2

[作り方]

1 鍋にオリーブ油を入れ、中火で熱し、玉ねぎ、セロリ、にんじん、トマトを1cm角に切り、1種ずつ鍋に加えては炒める A を繰り返していく B。

2 レッドキドニービーンズを加え、カレー粉、塩をふり、ひと混ぜし C、ふたをする。ふたの隙間から蒸気が出たら極弱火にし、10分加熱する。

3 枝豆を加え、弱火でふたを開けたまま5分加熱する。さらに加熱、余熱を繰り返すとより美味しくなる。

Recipe2
ベーグルチーズオレンジ

1人分 エネルギー:146kcal　野菜量:30g
P 6.0g　F 1.4g　C 27.7g

[材料] 1人分

ベーグル … 1/2個
カッテージチーズ (裏ごしタイプ) … 10g
オレンジ … 1/4個 (30g)
＊実を小房に分ける

[作り方]

1 ベーグルは横半分に切り、トーストする。

2 カッテージチーズを塗り、オレンジをのせる。

13

1食のメニューごとに、カロリー、野菜量、PFC (Protein:たんぱく質、Fat: 脂質、Carbohydrate: 炭水化物) を記載しています。栄養計算は『食品の栄養とカロリー事典 第3版』(女子栄養大学出版部) をもとに算出した目安量です。

メニューで使用する野菜については、バットに入れてビジュアルで可視化しています。

※「食事バランスガイド」(厚生労働省および、農林水産省) の区分を参考に大豆は野菜に含んでいません。

・ 大さじ1＝15ml
　小さじ1＝5mlです。

・ 調理時間はおおよその目安です。調理する環境や火加減などで異なりますので、様子を見ながら加減してください。

たとえば、30〜49歳女性の日中にあまり運動をしない在宅勤務の方に必要なカロリーは1日1750kcalです。本書では献立をいずれも1食520kcal以下にしており、おやつを1つ追加してもカロリーオーバーにならないため、本書の献立に沿って朝、昼、夜ごはんのメニュー、おやつを食べることでダイエット効果も期待することができます。たんぱく質など大切な栄養素は男性の摂取量としても十分な量になっていますが、もっとカロリーが必要な方は、主食の量を増やして調整すると良いでしょう。

ストウブを使った調理について

鍋のサイズ	本書では基本的に20cmラウンド（左）を使用しています。 一部、以下の16cmラウンド推奨のレシピには「16cmラウンド使用」と入れています。 （P16-17具沢山の和風卵焼き、P86-87桑茶あんこケーキ、P88-89芋ようかん、 P90-91きなこカステラ、P92-93甘酒バスクチーズケーキ）

20cm ラウンド

16cm ラウンド

火加減の目安	レシピに出てくる火加減は「極弱火」「弱火」「中火」の3種類。 写真の火力を調理時の火加減の目安にしてください。 また、調理の最後に火を止めて置いておく「余熱調理」も出てきます。

極弱火

弱火

中火

食材を入れる量

ストウブには7〜8分目を目安に食材を入れるのが基本ですが、
本書では山盛りの野菜や食材を入れることもあります。野菜がメインのレシピなので
火が通りやすく、加熱後にはギュッと量が減るので心配はいりません。

加熱前

加熱後

ふたの裏にある突起

ストウブのふたの裏にはピコと呼ばれる突起がついています。
食材の水分が蒸気となり循環、ピコをつたって再び水分となり
鍋の中に降り注ぐので、しっとりと美味しく仕上がります。
ふたを開けるときは鍋の中に水分を戻してください。

フライパン用ホイル

本書では調理に使う油の量を減らすことができるため、
「フライパン用ホイル」を使ったレシピも出てきます。
ストウブの中にホイルを敷く際は、写真のように側面にも
沿わせるように鍋全体に敷き入れてください。

Contents

Morning

朝ごはんのルール

"野菜1食200g（以上）"に加えて
豆や卵を取り入れた朝の献立では
「たんぱく質」「ビタミン」「ミネラル」を
バランスよく補給できるようにしています。
色とりどりで心も体も大満足。
元気に一日のスタートをきるために
糖質も適度に加えたレシピです。

カフェオレ

1杯：コーヒーの抽出液100㎖＋低脂肪乳150㎖
73kcal　🅿5.9g　🅵1.5g　🅲9.0g

Morning MENU 1

1人分　461kcal　野菜量:293g
　🅿24.4g　🅵11.4g　🅲66.9g

豆は不足しがちなビタミンを摂取できる優良食材。
たんぱく質、鉄、カルシウムの1日必要量の
約半分がとれるバランスの良いメニューです。

Recipe1

豆と野菜の
スパイシー煮込み

1人分　242kcal　野菜量:263g
Ⓟ12.5g　Ⓕ8.5g　Ⓒ30.2g

Ⓐ

[材料] 2人分

玉ねぎ … 1/2個 (100g)

セロリ … 1/2本 (50g)

にんじん … 1/2本 (75g)

トマト … 1/2個 (100g)

レッドキドニービーンズ (水煮)
　　… 110g

むき枝豆 … 90g

カレー粉 … 小さじ1

塩 … 小さじ1/2

オリーブ油 … 小さじ2

[作り方]

1 鍋にオリーブ油を入れ、中火で熱し、玉ねぎ、セロリ、にんじん、トマトを1cm角に切り、1種ずつ鍋に加えては炒めるⒶを繰り返していくⒷ。

2 レッドキドニービーンズを加え、カレー粉、塩をふり、ひと混ぜしⒸ、ふたをする。ふたの隙間から蒸気が出たら極弱火にし、10分加熱する。

3 枝豆を加え、弱火でふたを開けたまま5分加熱する。さらに加熱、余熱を繰り返すとより美味しくなる。

Ⓑ

Recipe2

ベーグルチーズオレンジ

1人分　146kcal　野菜量:30g
Ⓟ6.0g　Ⓕ1.4g　Ⓒ27.7g

[材料] 1人分

ベーグル … 1/2個

カッテージチーズ (裏ごしタイプ) … 10g

オレンジ … 1/4個 (30g)
＊実を小房に分ける

[作り方]

1 ベーグルは横半分に切り、トーストする。

2 カッテージチーズを塗り、オレンジをのせる。

Ⓒ

Morning MENU 2

1人分　495kcal　野菜量:370g
P 28.2g　**F** 13.0g　**C** 71.1g

大豆やオートミールを使ったリゾットは
不足しがちな鉄分をたっぷりと補えます。
抗酸化作用の高いベリーのスムージーは美肌効果も。

かぼちゃと豆の オートミールリゾット

1人分　390kcal　野菜量:260g
🅟21.8g　🅕11.4g　🅒53.6g

Ⓐ

[材料] 2人分

A | かぼちゃ … 120g
　　＊5mm幅×3cmの長さに切る

　トマト … 1/2個 (100g)　＊1cm角に切る

　しめじ … 100g　＊石づきを取ってほぐす

　玉ねぎ … 1/2個 (100g)　＊1cm角に切る

　蒸し大豆 … 100g　＊袋の上から潰しておく

　ブロッコリー … 100g　＊小房に分ける

　カッテージチーズ … 20g

　味噌 … 大さじ1

　酒 … 大さじ1

　塩 … 小さじ1/4

オリーブ油 … 小さじ1

オートミール (インスタントタイプ) … 60g

成分無調整豆乳 … 100ml

黒こしょう … お好み

[作り方]

1　鍋にオリーブ油、Aを入れⒶ、ふ
　　たをして中火にかける。

2　ふたの隙間から蒸気が出たらふた
　　を開け、オートミールと豆乳を加
　　え、弱火にし、混ぜながら3分加
　　熱するⒷ。

3　お好みで黒こしょうをふる。

Ⓑ

ミックスベリーのスムージー

1人分　105kcal　野菜量:110g
🅟6.4g　🅕1.6g　🅒17.5g

[材料] 1人分

低脂肪乳 … 150ml

ミックスベリー … 80g

セロリ … 30g　＊3〜4cmの長さに切る

ラカントS … 20g

[作り方]

1　ブレンダーにすべての材料を入れ、
　　なめらかになるまで攪拌する。

1人分　385kcal　野菜量:217g
P 19.4g　**F** 10.2g　**C** 53.4g

ストウブの型を活かして仕上げる卵料理。
たっぷりの黒大豆入り混ぜごはんは
体のサビを取ってくれる効果が期待できます。

Recipe1

具沢山の和風卵焼き

1人分　115kcal　野菜量:104g
P 6.7g　**F** 5.4g　**C** 9.2g

[材料] 4人分　STAUB:16cmラウンド使用

にんじん … 1/2本 (75g)
＊極細の千切りにする
（スライサーが便利）

小松菜 … 100g
＊1cmの長さに切る

卵 … 3個

乾燥ひじき … 5g
＊茶こしに入れて水にくぐらせる

大根おろし … 120g

長ねぎ … 1本 (100g)
＊斜め薄切りにする

オリーブ油 … 小さじ1

七味唐辛子 … お好み

A｜鰹節 … 2.5g
　｜みりん … 大さじ1
　｜ラカントS … 小さじ1
　｜塩 … 小さじ1/2

[作り方]

1 鍋ににんじん、小松菜を入れ、ふたをして中火で3分加熱する。火を止めてしんなりするまで3分置く。

2 ボウルに卵を割り入れ、ひじき、**1**、**A**を入れ、混ぜておく。

3 鍋をペーパーで拭き、オリーブ油を入れて中火で熱し、煙が出たら**2**の卵液を入れ、半熟状になるまで混ぜ続け、卵液が固まったら**A**ふたをし、弱火で3分加熱する。

4 火を止め、余熱で10分ほど置く。

5 ゴムベラなどで周りをはがし、4等分に切り、ひとつずつ取り出す。大根おろし、長ねぎをのせる。お好みで七味唐辛子をかけても。

Recipe2

彩り野菜の混ぜごはん

1人分　270kcal　野菜量:113g
P 12.7g　**F** 4.8g　**C** 44.2g

[材料] 2人分

雑穀米ごはん … 160g

蒸し黒豆 … 100g

にんじん … 1/2本 (75g)
＊極細の千切りにする（スライサーが便利）

菜の花 … 100g
＊さっと茹でて水気を絞り、
3cmの長さに切る

れんこん … 50g
＊スライサーで薄切りにして
さっと茹でる

A｜酢 … 大さじ2
　｜塩 … 小さじ1/2

[作り方]

1 温かい雑穀米ごはんに黒豆、にんじん、**A**を入れて混ぜる。

2 菜の花を入れて混ぜ、れんこんを飾る。

桑茶

1杯:150㎖
4kcal ⓟ0.3g ⓕ0.1g ⓒ0.8g

玄米おにぎり

1人分:玄米ごはん120g
＋黒ごま1g
204kcal
ⓟ3.6g
ⓕ1.7g
ⓒ42.9g

Morning MENU 4

1人分　485kcal　野菜量:305g
ⓟ23.6g ⓕ13.5g ⓒ70.7g

野菜の旨みたっぷりの味噌汁がメインの和朝食。
彩りが多いと目からも満足感が得られます。
作り置きできる副菜2種もご紹介。

Recipe1

出汁取らず
具沢山味噌汁

1人分　248kcal　野菜量:182.5g
P18.7g　F11.5g　C20.6g

Ⓐ

Ⓑ

[材料] 2人分

にんじん … 1/2本 (75g) ＊5mm厚さのいちょう切りにする

小松菜 … 100g ＊3cmの長さに切る

しめじ … 100g ＊石づきを取ってほぐす

しょうが … 10g ＊千切りにする

蒸し大豆 … 100g

切り干し大根 … 20g
＊100mlの水に5分浸ける（水は取っておく）

卵 … 2個

味噌 … 大さじ1

塩 … 小さじ1/2

[作り方]

1 鍋ににんじん、小松菜、しめじ、しょうが、大豆、塩を入れⒶ、ふたをして中火にかける。

2 ふたの隙間から蒸気が出たら極弱火にし、5分加熱する。

3 切り干し大根（＋戻し汁）、水400ml（分量外）を入れⒷ、中火にし、沸騰したら味噌を溶き入れ、卵を割り入れ、ふたをして火を止め、余熱で5分ほど置く。

STOCK❶　Recipe2

キャベツと
にんじんのマリネ

1人分　12kcal　野菜量:37.5g
P0.5g　F0.1g　C2.7g

[材料] 作りやすい量　※本献立は約1/10量で使用

キャベツ … 1/4個 (300g)
＊3cm角に切る

にんじん … 1/2本 (75g)
＊ピーラーでひらひらにスライスする

酢 … 大さじ4

塩 … 小さじ1

[作り方]

1 保存袋にすべての材料を入れて揉み込む。常温に数時間置き、冷蔵庫に入れる。保存は3週間ほど可能。漬け込む時間が長いほど美味しい。

STOCK❷　Recipe3

梅大根漬け

1人分　17kcal　野菜量:85g
P0.5g　F0.1g　C3.7g

[材料] 作りやすい量　※本献立は約1/4量で使用

大根 … 1/4本 (300g)　＊1cm厚さのいちょう切りにする

梅干し … 2個

貝割れ大根 … 1パック (40g)　＊根を取る

[作り方]

1 保存袋に大根、梅干しを入れ、全体に味が回るように梅干しを揉んで漬して種を取り、貝割れ大根を入れる。冷蔵保存は2～3日可能。

ココア
1杯：純ココア5g＋お湯
50㎖＋低脂肪乳150㎖
＊お好みでラカントSを入れても
83kcal
P 6.6g　**F** 2.6g　**C** 4.8g

Morning MENU 5

1人分　495kcal　野菜量：約230g
P 24.0g　**F** 11.7g　**C** 61.4g

フルーツには無駄な塩分を排出してくれる
カリウムが豊富に含まれるのでむくみ防止にも。
ココアに含まれるマグネシウムは300もの酵素の働きを助けるため、
代謝アップ効果が期待できます。

Recipe1

オートミール ワイルド パンケーキ

1人分　396kcal　野菜量:170g
P 16.6g　**F** 9.0g　**C** 50.3g

[材料] 2人分

バナナ … 1+1/2本 (180g)
＊半月切りにする

キウイ … 1/2個 (40g)
＊1cm角に切る

ミックスベリー … 120g

オートミール (インスタントタイプ)
　… 60g

卵 … 2個

ベーキングパウダー … 小さじ1

塩 … ひとつまみ (0.5g)

カッテージチーズ … 60g

ナチュラルなケーキシロップ
｜ みりん … 大さじ2
｜ はちみつ … 小さじ1

＊みりんを小鍋に入れ、ひと煮立ちさせて
火を止め、はちみつを加える

[作り方]

1 ボウルにバナナ (120g) を入れ、フォークで潰し、卵を割り入れて混ぜる。なめらかになったらオートミール、ベーキングパウダー、塩を入れ、均一になるまで混ぜる 。

2 鍋に油を少量入れ (分量外)、中火で熱し、煙が出てきたら火を止め、キッチンペーパーで油を側面に塗るようにしながら軽く拭き取る。

3 1の生地を鍋に入れ 、ふたをして極弱火で10分加熱する。

4 ヘラなどで裏返し、ふたをして極弱火で5分焼く。

5 食べやすい大きさにカットして皿に盛り、バナナ (60g)、キウイ、ミックスベリー、カッテージチーズをそえ、ケーキシロップをかける。

STOCK ❶ を使って

Recipe2

アレンジサラダ

1人分　16kcal　野菜量:約60g
P 0.8g　**F** 0.1g　**C** 6.3g

[材料] 1人分

ベビーリーフ … 20g
キャベツとにんじんのマリネ (P19参照) … 約40g

[作り方]

1 ベビーリーフとキャベツとにんじんのマリネを混ぜる。

1人分　397kcal　野菜量:215g
　　　P20.2g　**F**3.5g　**C**73.8g

スパイシーなチリパウダーでエネルギー代謝を促進。
ブロッコリーは芯にも抗酸化作用の高い栄養素が
含まれるので丸ごと使うのがおすすめです。

低脂肪乳

1杯:150ml
69kcal　**P**5.7g　**F**1.5g　**C**8.3g

カンパーニュ

1人分:60g
167kcal　**P**5.6g　**F**0.8g　**C**34.5g

Recipe1

ポテトチリビーンズ

1人分 161kcal 野菜量:215g
P 8.9g **F** 1.2g **C** 31.0g

[材料] **2人分**

玉ねぎ … 1/2個（100g）　＊1cm角に切る

じゃがいも … 1個（135g）
＊1cm角に切り、水にさらして水気をきる

ブロッコリー … 1/2個（125g）
＊小房に分ける

レッドキドニービーンズ（水煮）… 70g

チリパウダー … 小さじ2

塩 … 小さじ1/2

[作り方]

1　玉ねぎ、じゃがいも、ブロッコリー、レッドキドニービーンズ、チリパウダー、塩を入れ🅐、ふたをして中火にかける。

2　ふたの隙間から蒸気が出たらふたを開け、ひと混ぜして極弱火にし、10分加熱する。ひと混ぜし🅑、火を止め、余熱で10分置く。

カフェオレ

1杯：コーヒーの抽出液100ml＋低脂肪乳150ml
73kcal ℗5.9g ℉1.5g ©9.0g

Morning MENU 7

1人分　508kcal　野菜量：約235g
℗30.4g ℉13.9g ©66.3g

鮮やかな野菜が映えるキッシュを主役に。
オートミールは消化がゆっくりなので
おなかが空きにくい効果が得られます。

Recipe1

彩り野菜のご馳走キッシュ

1人分 180kcal　野菜量：75g
P 13.0g　**F** 10.0g　**C** 8.0g

[材料] 4人分

茹でほうれん草 … 100g
＊水気をよく絞り3cmの長さに切る

ミックスビーンズ … 70g

ミニトマト … 8個（80g）
＊ヘタを取って半切りにする

紫玉ねぎ（玉ねぎでも）… 1/4個（50g）
＊4枚の輪切りにする

卵 … 4個

成分無調整豆乳 … 100ml

カッテージチーズ … 80g

塩 … 小さじ1/2

黒こしょう … 少々

オリーブ油 … 小さじ2

[作り方]

1　ボウルに卵、豆乳、ほうれん草、ミックスビーンズ、カッテージチーズ、塩、こしょうを入れ、よく混ぜる。

2　鍋にオリーブ油を入れ、中火で熱し、油を側面まで回してなじませる。

3　鍋から煙が出たら*1*を入れ、ぐるぐると箸で半熟状になるまで混ぜ続ける。卵液が固まってきたらⒶ、上にミニトマト、紫玉ねぎを押し込むようにのせⒷ、ふたをして弱火で5分加熱する。

4　火を止めて余熱で5分置く。ゴムベラなどで周りをはがし、4等分に切り、ひとつずつ取り出す。

Recipe2

オートミールフルーツヨーグルト

1人分 247kcal　野菜量：110g
P 11.2g　**F** 2.3g　**C** 47.5g

[材料] 2人分

オートミール（インスタントタイプ）… 60g

ミックスベリー … 100g

バナナ … 1本（120g）　＊半月切りにする

無脂肪ヨーグルト … 300g

ラカントS … 30g

[作り方]

1　保存容器などにオートミール、ミックスベリー、ヨーグルト、ラカントSを入れて混ぜ、5分以上置き（冷蔵庫で一晩置いてもよい）、バナナを加える。

STOCK ❷ を使って

Recipe3

アレンジサラダ

1人分 8kcal　野菜量：約50g
P 0.3g　**F** 0.1g　**C** 1.8g

[材料] 1人分

レタス … 20g　＊ひと口大にちぎる

梅大根漬け（P19参照）… 約30g

[作り方]

1　レタスと梅大根漬けを混ぜる。

Lunch

昼ごはんのルール

活動量が多い昼にはお肉を使った献立を。

鶏肉にはたんぱく質の代謝に必要な「ビタミンB6」、

豚肉にはエネルギー代謝全般に必要な「ビタミンB群」、

牛肉には「亜鉛」と「鉄」が豊富に含まれています。

日中にしっかりと脂肪を燃焼させるために

糖質や脂質をエネルギーに変える肉類は

ダイエット中でもとりたい食材です。

Lunch MENU

冷凍可能な"鶏そぼろの素"はいろいろな料理に
派生できるので作り置きしておくと便利。
きのこと大豆をたっぷりと入れてヘルシーに。

STOCK Recipe

えのきと大豆の鶏そぼろ

Ⓐ

1食分 157kcal　野菜量:46g
Ⓟ26.8g　Ⓕ3.6g　Ⓒ5.1g

[材料] 6食分

鶏むね肉 … 600g（約2枚）
えのき … 200g
にんじん … 1/2本（75g）
蒸し大豆 … 100g
塩 … 小さじ1

[作り方]

1 皮をはいだ鶏むね肉をフードプロセッサーで撹拌しⒶ、取り出す。えのき、にんじんも同様にフードプロセッサーで撹拌し、取り出す。

2 鍋に鶏むね肉、えのき、にんじん、大豆、塩の順に入れⒷ、ふたをして中火にかける。

3 ふたの隙間から蒸気が出たら極弱火にし、5分加熱する。ふたを開け、混ぜながら肉に火が通るまで加熱するⒸ。

MEMO

保存する場合は1食分ずつラップに包みⒹ、保存袋に入れて冷凍する。

Ⓑ

Ⓒ

Ⓓ

Lunch MENU 1

1人分　413kcal　野菜量:232g
Ⓟ34.1g　Ⓕ4.8g　Ⓒ61.3g

たんぱく質の1日必要量の半分と
たんぱく質の代謝を助けるビタミンB6がとれるレシピ。
キャベツは胃の粘膜修復や疲労回復効果も。

Recipe

キャベツミートソース

1人分 218kcal 野菜量：232g
Ⓟ30.7g Ⓕ4.2g Ⓒ19.1g

[材料] 2人分

えのきと大豆の鶏そぼろ（P29参照）… 2食分

キャベツ … 200g ＊2cm角に切る

しめじ … 100g ＊石づきを取ってほぐす

赤パプリカ … 1/2個（70g） ＊1cm角に切る

トマトペースト … 15g

トマトケチャップ … 15g

雑穀米ごはん

1人分／120g 195kcal Ⓟ3.4g Ⓕ0.6g Ⓒ42.2g

[作り方]

1 鍋にキャベツ、しめじ、パプリカ、鶏そぼろ、トマトペースト、ケチャップを入れⒶ、ふたをして中火にかける。

2 ふたの隙間から蒸気が出たらふたを開け、混ぜながら2分加熱する。

Ⓐ

1人分 485kcal 野菜量:217g
Ⓟ40.6g Ⓕ10.9g Ⓒ58.5g

赤パプリカにはビタミンC、Eがたっぷり。
抗酸化作用の強いβカロテンは
油で調理することで体内への吸収率がUPします。

Recipe

エスニックとりたま炒め

1人分　287kcal　野菜量：217g

P 37.2g　**F** 9.7g　**C** 15.8g

[材料] 2人分

えのきと大豆の鶏そぼろ（P29参照）… 2食分

セロリ … 1本（100g）　＊斜め薄切りにする

エリンギ … 100g　＊厚さ1cm×長さ3〜4cmに切る

赤パプリカ … 1個（140g）　＊1cm幅の細切りにする

卵 … 2個　＊溶きほぐす

ナンプラー … 大さじ1

一味唐辛子 … 小さじ1/2

[作り方]

1　鍋にセロリ、エリンギ、パプリカ、鶏そぼろ、ナンプラー、一味唐辛子を入れⒶ、ふたをして中火にかける。

2　ふたの隙間から蒸気が出たらふたを開け、卵を入れ、卵に火が通るまで混ぜる。

玄米ごはん

1人分／120g　198kcal　**P** 3.4g　**F** 1.2g　**C** 42.7g

Ⓐ

1人分　426kcal　野菜量:233g
P33.9g　**F**4.6g　**C**63.3g

鶏肉と大豆がゴロゴロ入った鶏そぼろと
歯ごたえのある刻みカリフラワーの食感が
楽しい満足感のある一皿です。

カレー風味の チキンキーマ

1人分　224kcal　野菜量：233g
Ⓟ30.9g　Ⓕ4.2g　Ⓒ18.8g

[材料] 2人分

えのきと大豆の鶏そぼろ（P29参照）… 2食分

玉ねぎ … 1/2個（100g）　＊1㎝角に切る

カリフラワー … 1/4株（75g）　＊小さく刻む

小松菜 … 100g　＊3㎝の長さに切る

トマトピューレ … 100g

カレー粉 … 小さじ2

塩 … 小さじ1/2

[作り方]

1　鍋に玉ねぎ、鶏そぼろ、カリフラワー、小松菜、トマトピューレ、カレー粉、塩を入れⒶ、ふたをして中火にかける。

2　ふたの隙間から蒸気が出たら弱火にし、ふたを開け、混ぜながら3分加熱する。

白米ごはん

1人分/120g　202kcal　Ⓟ3.0g　Ⓕ0.4g　Ⓒ44.5g

Ⓐ

玄米ごはん

1人分／120g　198kcal　Ｐ3.4g　Ｆ1.2g　Ｃ42.7g

1人分　396kcal　野菜量：約202g
　　　　Ｐ29.7g　Ｆ4.1g　Ｃ60.1g

鶏むね肉はやわらかくて脂肪が少ないのが特徴。
ホイルを敷いて少量の油で焼き上げます。
メインの献立にはもちろんアレンジレシピにも使えるので
作り置きしておくと便利です。

鶏むね肉の唐揚げ風

1食分　135kcal
Ⓟ23.8g　Ⓕ2.3g　Ⓒ3.5g

[材料] 6食分

鶏むね肉 … 2枚（600g）
＊1㎝の厚さのそぎ切りにする Ⓐ

しょうが … ひとかけ（10g）
＊すりおろす

砂糖 … 小さじ1

塩 … 小さじ1/2

片栗粉 … 大さじ2

オリーブ油 … 小さじ1/2

[作り方]

1 鶏むね肉は砂糖と塩としょうが、片栗粉で揉み、鍋にフライパン用ホイルを敷き、オリーブ油、1/3量の鶏肉を入れ Ⓑ、中火にかけてふたをし、5分加熱する。

2 ふたを開けて裏返し、火を止めて2分置いてから取り出す。

3 1/3量の鶏肉を入れ（油は不要）、中火にかけてふたをし、3分加熱する。ふたを開けて裏返し Ⓒ、火を止めて再度ふたをして2分置く。

4 3をもう一度、繰り返す。

MEMO

保存する場合は1食分ずつラップに包み、保存袋に入れて冷凍する。

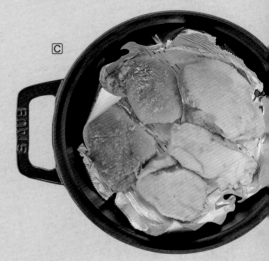

STOCK ❶ キャベツとにんじんのマリネ（P19参照）

1人分 / 約1/3量　36kcal　野菜量：約100g　Ⓟ1.5g　Ⓕ0.3g　Ⓒ8.1g

STOCK ❷ 梅大根漬け（P19参照）

1人分 / 約1/3量　27kcal　野菜量：約100g　Ⓟ1.0g　Ⓕ0.3g　Ⓒ5.8g

Lunch MENU 5

1人分　516kcal　野菜量:200g
　　Ⓟ38.9g　Ⓕ12.9g　Ⓒ59.6g

マルチビタミンと呼ばれるほど栄養価が高いニラ。
刻み野菜がたっぷり入ったチャーハンは
糖の吸収が緩やかになり、血糖値の急上昇を防ぎます。

鶏むね肉と野菜たっぷりのチャーハン

[材料] **2人分**

硬めに炊いたごはん … 240g

鶏むね肉の唐揚げ風 (P37参照) … 1食分
＊細かく切る

卵 … 2個　＊溶きほぐす

長ねぎ … 1本 (100g)
＊みじん切りにする

茹でブロッコリー … 200g　＊細かく切る

ニラ … 100g　＊1㎝の長さに切る

オリーブ油 … 小さじ2

塩 … 小さじ1/2

[作り方]

1 鍋にオリーブ油を入れて中火で熱し、煙が
出たら長ねぎ、ニラを入れてさっと炒める。

2 卵を入れてぐるぐるっと混ぜたら、ごはんを
入れて切るように混ぜるA。

3 卵が全体に混ざったら、鶏むね肉の唐揚
げ風、ブロッコリーを入れ、混ぜながら1
分ほど炒め、塩を入れて混ぜる。

A

Lunch MENU 6

1人分 491kcal 野菜量:200g
Ⓟ38.9g Ⓕ9.3g Ⓒ60.9g

網膜や粘膜の健康に大切なビタミンＡが豊富なレシピ。
緑黄色野菜の中でも特に栄養価の高いほうれん草は
鶏肉と一緒に食べることで造血作用が高まります。

Recipe

舞茸とほうれん草の親子丼

1人分　296kcal　野菜量:200g
P 35.5g　**F** 8.7g　**C** 18.7g

[材料] 2人分

鶏むね肉の唐揚げ風 (P37参照) … 2食分

卵 … 2個　＊溶きほぐす

長ねぎ … 1本 (100g)　＊斜め薄切りにする

舞茸 … 100g　＊ほぐす

茹でほうれん草 … 200g　＊3cmの長さに切る

しょうゆ … 大さじ1

みりん … 大さじ1

[作り方]

1 鍋に長ねぎ、鶏むね肉の唐揚げ風、しょうゆ、みりん、舞茸、ほうれん草を順に入れ、ふたをして中火にかける。

2 ふたの隙間から蒸気が出たら卵を入れ、火を止めて3分ほど半熟状になるまで置く。

雑穀米ごはん

1人分 / 120g　195kcal　**P** 3.4g　**F** 0.6g　**C** 42.2g

Lunch MENU 7

1人分 490kcal 野菜量:205g
Ⓟ42.8g Ⓕ6.3g Ⓒ64.5g

ねぎに含まれるアリシンは疲労の原因物質である
乳酸を分解するため疲労回復の作用も。
血行を良くする効果もあるパワーランチです。

Recipe

味噌漬け焼き鶏丼

1人分　295kcal　野菜量:205g
P 39.4g　**F** 5.7g　**C** 22.3g

[材料] 2人分

鶏むね肉 … 1枚
＊4等分にして叩いてⒶ、Ⓐをまぶす

Ⓐ ｜ 味噌 … 大さじ1
　 ｜ みりん … 大さじ1
　 ｜ 片栗粉 … 大さじ1

長ねぎ（緑部も含む）… 1本（160g）
＊5cmの長さに切る

ミニトマト … 5個（50g）
＊ヘタを取って半切りにする

椎茸 … 100g
＊石づきを取って半分に切る

チンゲン菜 … 1/2株（100g）
＊5cmの長さに切る

オリーブ油 … 小さじ1

[作り方]

1 鍋にフライパン用ホイルを敷き、オリーブ油、鶏肉を入れ、空いたところに長ねぎを入れⒷ、ふたをして中火にかけ、5分加熱する。

2 ふたを開けて鶏肉、長ねぎを裏返しⒸ、ミニトマト、椎茸、チンゲン菜をのせ、弱火で5分加熱する。

3 火を止めてよく混ぜ、ふたをして5分置く。

雑穀米ごはん

1人分/120g　195kcal　**P** 3.4g　**F** 0.6g　**C** 42.2g

1人分　439kcal　野菜量：215g
P32.2g　**F**8.5g　**C**58.7g

ささみは鶏肉の中でも低カロリーな部位。
ごまは風味がアップして美味しいだけでなく
抗酸化力が高くアンチエイジング効果も。

Recipe

ささみのごま焼き

1人分 237kcal 野菜量:215g
P 29.2g **F** 8.1g **C** 14.2g

[材料] 2人分

ささみ … 4本（200g）
＊筋を取って3等分に切り、
Aをふって揉み込み、**B**を両面にまぶす。

A | 塩 … 小さじ1/2
| 酒 … 小さじ2
| 片栗粉 … 大さじ1

B | 白ごま … 大さじ1.5
| 黒ごま … 大さじ1.5

ズッキーニ … 200g ＊1㎝の輪切りにする

舞茸 … 100g ＊ほぐす

水菜 … 100g ＊5㎝の長さに切る

レモン … 1/2個（果汁10g）

オリーブ油 … 小さじ1

塩 … 小さじ1/8

[作り方]

1 鍋にフライパン用ホイルを敷き、オリーブ油を入れ、ささみを並べる**A**。

2 ふたをして中火にかけ、3分加熱して裏返す**B**。再度ふたをして中火で3分加熱し、火を止めて3分置く。

3 ささみを取り出し、そのまま鍋にズッキーニ、舞茸を入れ、塩をふり**C**、ふたをして中火で5分加熱する。

4 火を止めてささみを戻し、レモンを絞り、ひと混ぜしてふたをし、3分置く。皿に水菜を敷き、ささみのごま焼きをのせる。

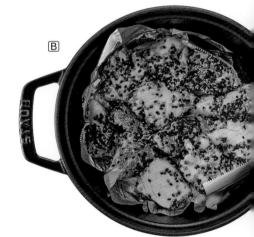

白米ごはん

1人分/120g 202kcal **P** 3.0g **F** 0.4g **C** 44.5g

1人分　449kcal　野菜量:310g
P27.1g　F7.7g　C68.2g

砂肝は低脂質高たんぱくでミネラル豊富。
噛みごたえもあり満腹感が得られやすい食材です。
セロリにはイライラや頭痛を和らげる鎮静効果も。

雑穀米ごはん
1人分/120g　195kcal　P3.4g　F0.6g　C42.2g

Recipe1

砂肝の鉄板焼き風

1人分　190kcal　野菜量:200g
P 22.9g　**F** 4.9g　**C** 14.3g

[材料] 2人分

砂肝 … 200g

もやし … 1パック（200g）
＊洗ってザルで水をよくきる

ニラ … 1束（100g）
＊5cmの長さに切る

スイートコーン … 100g

しょうゆ … 大さじ1/2

塩 … 小さじ1/2

オリーブ油 … 小さじ1

[作り方]

1 砂肝は包丁で半分に切り、銀皮に切り込みを入れ Ⓐ、塩をふる。

2 鍋にオリーブ油を入れて中火で熱し、薄く煙が出たら砂肝の銀皮を下にして入れ、ふたをして2分加熱する。もやし、ニラをのせ、再度ふたをして1分加熱する。

3 しょうゆを回しかけ、スイートコーンを入れ、もやしがしんなりするまで1分ほど混ぜながら加熱する。

Ⓐ

Recipe2

セロリとりんごとカリフラワーのマリネ

1人分　64kcal　野菜量:110g
P 0.8g　**F** 2.2g　**C** 11.7g

[材料] 2人分

セロリ … 1/2本（50g）　＊千切りにする

りんご … 1/2個（120g）
＊皮をむいて千切りにする

茹でカリフラワー … 50g　＊小房に分ける

エキストラバージンオリーブ油 … 小さじ1

酢 … 小さじ1

塩 … 1g

黒こしょう … 少々

[作り方]

1 保存袋にすべての材料を入れ、しんなりするまで置く。

Lunch MENU **10**

1人分　442kcal　野菜量:225g
P28.5g　**F**9.7g　**C**60.8g

豚肉は炭水化物のエネルギー代謝に必要な
ビタミンB1を豊富に含んでいます。
ナポリタンを思わせる肉野菜炒めです。

Recipe

豚肉と野菜のナポリタン焼き

1人分　244kcal　野菜量:225g

P 25.1g　**F** 8.5g　**C** 18.1g

[材料] 2人分

豚ももスライス … 200g
＊5㎝幅に切り、**A**をふる

A | 塩 … 小さじ1/2
　　　| 片栗粉 … 大さじ1

キャベツ … 200g　＊3㎝角に切る

玉ねぎ … 1/2個 (100g)
＊薄切りにする

ピーマン … 2個 (50g)
＊5㎜の輪切りにする

マッシュルーム … 100g
＊4等分の薄切りにする

ケチャップ … 大さじ1

オリーブ油 … 小さじ1

[作り方]

1 鍋にフライパン用ホイルを敷き、オリーブ油、キャベツ、玉ねぎ、豚肉を入れⒶ、ピーマン、マッシュルームをのせ、ケチャップをかけⒷ、ふたをして中火にかける。

2 ふたの隙間から蒸気が出たらふたを開け、ひと混ぜし、極弱火で3分加熱して全体をよく混ぜる。

玄米ごはん

1人分 / 120g　198kcal　**P** 3.4g　**F** 1.2g　**C** 42.7g

Ⓐ

Ⓑ

1人分　492kcal　野菜量:245g
　　　Ⓟ30.6g　Ⓕ13.6g　Ⓒ63.8g

牛肉は亜鉛や鉄分を豊富に含むので
ダイエット中でも積極的にとりたい食材。
旨みと栄養が凝縮された切り干し大根はぜひ常備を。

Recipe

牛肉と切り干し大根の ベトナム風炒め

1人分　297kcal　野菜量:245g
℗27.2g　🅕13.0g　🅒21.6g

[材料] 2人分

牛肉薄切り肉 … 200g
＊5cmの長さに切る

えのき … 100g
＊石づきを取ってほぐす

切り干し大根 … 25g
＊水に5分ほど漬けて水気を軽く絞る

もやし … 1パック（200g）
＊洗ってザルで水気をよくきる

紫玉ねぎ … 1/4個（50g）
＊繊維に直角に極薄切りにする

レモン汁 … 1/2個分（10g）

ベビーリーフ … 30g

ナンプラー … 大さじ1

赤唐辛子 … 1本　＊輪切りにする

アーモンド … 10g　＊粗く刻む

パクチー（お好み）… 適量

[作り方]

1　鍋に牛肉、えのき、ナンプラー、赤唐辛子を入れ🅐、ふたをして中火にかける。

2　ふたの隙間から蒸気が出たらふたを開け、切り干し大根、もやしを入れ🅑、再度ふたをして1分加熱する。

3　火を止め、紫玉ねぎ、レモン汁を入れてよく混ぜる。器に盛り、アーモンドをかけ、ベビーリーフ、お好みでパクチーを添える。

雑穀米ごはん

1人分/120g　195kcal　℗3.4g　🅕0.6g　🅒42.2g

Ⓐ

Ⓑ

Dinner

夜ごはんのルール

活動量が少ない夜には魚を使った献立がおすすめ。

魚の脂に含まれる「オメガ3脂肪酸」は

体の中で作れる量が少ないため

健康のために意識してとるべき脂肪酸です。

"魚を1日1回食べる"というとハードルが

高いと感じる方も多いかもしれません。

そんなときは常備可能で手軽に使える

缶詰を使ったレシピもぜひ取り入れてみてください。

〜魚脂からとれるオメガ3脂肪酸に含まれる2つの栄養素〜

＊DHA（ドコサヘキサエン酸）：中性脂肪を低下させたり、高脂血症、高血圧、脳卒中、
　虚血性心疾患、アレルギーの予防効果があるとされています。
＊EPA（エイコサペンタエン酸）：中性脂肪を低下させたり、高脂血症、高血圧、動脈硬化、
　抗血栓作用、脳血管障害、虚血性心疾患、皮膚炎予防効果があるとされています。

Dinner MENU 1

1食分 468kcal　野菜量:250g
　　Ⓟ30.5g　Ⓕ11.5g　Ⓒ57.4g

体に不可欠な脂質、DHA、EPAが
豊富に含まれているさば缶はぜひ常備を。
ペンネは下茹でなしで食材と一緒に煮込みます。

さば缶とキャベツの和風ワンストゥブペンネ

[材料] 2人分

さば缶 … 1缶（正味190g）

キャベツ … 100g　＊3cm角に切る

トマト … 1個（200g）　＊1cm角に切る

玉ねぎ … 1/2個（100g）　＊1cmの薄切りにする

チンゲン菜 … 1株（85g）　＊3cmの長さに切る

ペンネ … 120g

しょうゆ … 大さじ1

塩 … 小さじ1/2

青しそ … 5枚　＊千切りにする

[作り方]

1　鍋にさば缶（缶汁ごと）、キャベツ、トマト、水にくぐらせたペンネ、玉ねぎ、チンゲン菜を入れ、しょうゆ、塩、水100ml（分量外）を回しかけⒶ、ふたをして中火にかける。

2　ふたの隙間から蒸気が出たら極弱火にし、10分加熱する。

3　ふたを開けて中火にし、沸騰したら弱火にし、時々混ぜながら5分加熱し、青しそをのせる。

Ⓐ

Dinner MENU 2

1人分　497kcal　野菜量:210g
Ⓟ37.2g　Ⓕ13.1g　Ⓒ56.4g

美容にも良いとされるアスタキサンチンを
含む鮭と栄養価の高いブロッコリーは相性抜群。
マカロニと合わせて食べごたえのある一皿に。

Recipe

鮭のワンストウブ マカロニグラタン煮

[材料] 2人分

塩鮭 … 2切れ（180g）　＊1切れを半分ずつに切る

長ねぎ … 1本（100g）　＊斜め薄切にする

里芋 … 200g　＊皮をむいて1cm幅の輪切りにする

ブロッコリー … 120g　＊小さめの小房に分ける

マカロニ（グラタン用）… 80g

低脂肪乳 … 200㎖

カッテージチーズ … 40g

塩 … 小さじ1/4

[作り方]

1　鍋に長ねぎ、鮭、里芋、ブロッコリー、水にくぐらせたマカロニ、低脂肪乳、塩を入れ Ⓐ、中火にかける。沸騰したらひと混ぜし、ふたをして極弱火にし、10分加熱する。

2　ふたを開け、時々混ぜながら弱火で5分ほどマカロニがやわらかくなるまで加熱し、上にカッテージチーズをのせる。

Ⓐ

Dinner MENU 3

1人分　459kcal　野菜量:205g
Ⓟ26.1g　Ⓕ13.4g　Ⓒ58.0g

きくらげにはカルシウムの吸収を助ける
ビタミンDの含有量が多く食物繊維も豊富。
骨や歯を丈夫にしたり、整腸効果も期待できます。

Recipe

鮭のピリ辛焼き

1人分　261kcal　野菜量:205g
Ⓟ22.7g　Ⓕ12.2g　Ⓒ15.3g

[材料] 2人分

塩鮭 … 2切れ（180g）
＊1切れを半分ずつに切る

白菜 … 240g　＊5cm角に切る

長ねぎ … 1本（100g）
＊斜め薄切りにする

乾燥きくらげ … 10g
＊水で戻しておく

一味唐辛子 … 小さじ1/2

しょうゆ … 小さじ2

みりん … 小さじ2

ごま油 … 小さじ1

[作り方]

1 鍋に白菜、鮭を入れ、一味唐辛子をふりⒶ、長ねぎ、きくらげ、しょうゆ、みりんを入れⒷ、ふたをして中火にかける。

2 ふたの隙間から蒸気が出たら極弱火にし、3分加熱する。仕上げにごま油を回し入れる。

玄米ごはん

1人分/120g　198kcal　Ⓟ3.4g　Ⓕ1.2g　Ⓒ42.7g

Dinner MENU 4

1人分　501kcal　野菜量:203g
　Ⓟ30.2g　Ⓕ16.2g　Ⓒ60.9g

体の調子を整えるのに必要な栄養素が詰まった
わかめは"海の野菜"と呼ばれるほど。
血糖値の上昇を緩やかにする作用も。

塩さばとえのきの わかめ炒め

1人分　299kcal　野菜量:203g
P27.2g　**F**15.8g　**C**16.4g

[材料] 2人分

塩さば … 2切れ（160g）

片栗粉 … 大さじ1
＊1切れを4等分に切り、片栗粉をまぶす

豆苗 … 130g
＊根を取り、3等分の長さに切る

えのき … 200g
＊石づきを取り、3等分に切ってほぐす

塩蔵わかめ … 50g
＊水に5分ほど浸けて戻し、
食べやすい長さに切る

オイスターソース … 大さじ1

[作り方]

1 鍋にフライパン用ホイルを敷き、豆苗
の半量、えのき、さば Ⓐ、豆苗の半
量、オイスターソースをかけ、わかめ
をのせ Ⓑ、ふたをして中火にかける。

2 ふたの隙間から蒸気が出たらふたを
開け、ひと混ぜし、ふたをして極弱火
にし、3分加熱する。

白米ごはん

1人分/120g　202kcal　**P**3.0g　**F**0.4g　**C**44.5g

Ⓐ

Ⓑ

Dinner MENU 5

1人分　500kcal　野菜量:205g
P21.0g　**F**18.8g　**C**62.1g

青魚のさんまはDHA、EPAが豊富。
魚の良質な脂は積極的にとりましょう。
甘酸っぱいあんにたっぷりの野菜を絡めて。

さんまのたっぷり野菜 トマト甘酢あん

1人分　305kcal　野菜量：205g
Ⓟ17.6g　Ⓕ18.2g　Ⓒ19.9g

[材料] 2人分

さんま … 2尾（正味140g）
＊頭と内臓を取ってよく洗い、半分の長さに切り、
水気を拭って塩をふる

玉ねぎ … 1/4個（50g）　＊薄切りにする

えのき … 200g
＊石づきを取って半分の長さにしてほぐす

ピーマン … 2個（60g）　＊細切りにする

トマト … 1/2個（100g）　＊1cm角に切る

A ｜ しょうゆ … 大さじ2
　　｜ 酢 … 大さじ2
　　｜ ラカントS … 大さじ1
　　｜ 片栗粉 … 大さじ1

[作り方]

1　鍋にフライパン用ホイルを敷き、さんま、玉ねぎ、えのき、ピーマン、トマトをのせⒶ、ふたをして中火にかける。

2　ふたの隙間から蒸気が出たら極弱火にし、3分加熱する。Ａを入れ、とろみがつくまで混ぜる。

雑穀米ごはん

1人分/120g　195kcal　Ⓟ3.4g　Ⓕ0.6g　Ⓒ42.2g

Ⓐ

Dinner MENU 6

1人分：443kcal　野菜量：200g
Ⓟ21.3g　Ⓕ6.7g　Ⓒ73.7g

えびや帆立は高たんぱく質かつ
低カロリーでダイエット中の強い味方。
冷凍を常備しておくと便利です。

Recipe

シーフードかぼちゃ玄米ドリア

[材料] 2人分

玉ねぎ … 1/2個 (100g)
＊薄切りにする

かぼちゃ … 200g
＊1㎝の厚さに切る

茹でほうれん草 … 100g
＊3㎝の長さに切る

むきえび … 50g
＊背わたを取る

ボイル帆立 … 50g

米粉 … 大さじ2

成分無調整豆乳 … 200㎖

玄米ごはん … 200g

カッテージチーズ … 20g

塩 … 小さじ1/2

オリーブ油 … 小さじ1

[作り方]

1 鍋にオリーブ油、玉ねぎ、かぼちゃ、えび、帆立を入れ、塩をふり🅐、ふたをして中火にかける。

2 ふたの隙間から蒸気が出たら極弱火にし、5分加熱する。ほうれん草、米粉を入れて混ぜ、豆乳を加えてとろみがつくまで混ぜる🅑。

3 耐熱容器に玄米ごはんを入れ、*2*をかけ、カッテージチーズをのせてトースターなどでこんがりと焼き目をつける。

🅐

🅑

Dinner MENU 7

1人分　443kcal　野菜量:223g
Ⓟ27.5g　Ⓕ12.4g　Ⓒ55.9g

いわしは安価で栄養価の高い食材。
香り高いにんにくとレモンをアクセントに
爽やかな風味に仕上げています。

Recipe

いわしのガーリックレモントマト

1人分　248kcal　野菜量:223g

P 24.1g　**F** 11.8 g　**C** 13.7g

Ⓐ

[材料] 2人分

いわし（頭と内臓を取ったもの）
　　　…4匹（200g）

塩…小さじ1/2

米粉…小さじ2

＊いわしの水気を拭き、塩をふり、
米粉をまぶす

エリンギ…100g

＊半分の厚さ、半分の長さに切る

玉ねぎ…1/2個（100g）

＊薄切りにする

豆苗…130g

＊根を取り半分の長さに切る

トマト…1/2個（100g）　＊1cm角に切る

レモン…1/2個（果汁10g）　＊輪切りにする

にんにく…1/2かけ（5g）　＊薄切りにする

塩…小さじ1/2

オリーブ油…小さじ1

[作り方]

1 鍋にフライパン用ホイルを敷き、オリーブ油を入れ、いわし、エリンギを並べⒶ、中火にかけて3分加熱する。

2 いわしを裏返しⒷ、にんにく、玉ねぎ、豆苗、トマトをのせⒸ、塩をふり、ふたをして蒸気が出たら極弱火にし、3分加熱する。皿に取り出してレモンをのせる。

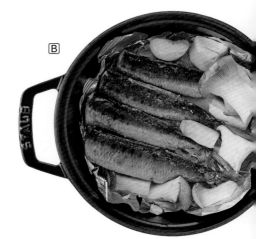

Ⓑ

雑穀米ごはん

1人分/120g　195kcal　**P** 3.4g　**F** 0.6g　**C** 42.2g

Ⓒ

Dinner MENU 8

1人分　460kcal　野菜量:280g
P28.1g　F11.3g　C61.4g

骨ごと食べられるさば缶はカルシウムの宝庫。
オクラの栄養価も高く健康や美容の維持に役立ちます。
鉄やビタミンCも豊富なため貧血予防にも。

Recipe

さば缶の ミニトマト煮込み

1人分　265kcal　野菜量:280g
P 24.7g　**F** 10.7g　**C** 19.2g

[材料] 2人分

さば缶 … 1缶 (正味190g)

長ねぎ … 1本 (160g)
＊5cmの長さに切る

ミニトマト … 14個 (140g)
＊ヘタを取る

オクラ … 8本 (80g)
＊ヘタを取り半分に切る

茹でほうれん草 … 100g
＊3cmの長さに切る

ケッパー … 小さじ2

塩 … 小さじ1/2

黒こしょう … 少々

[作り方]

1 鍋にフライパン用ホイルを敷き、長ねぎを入れて塩をふり A、ふたをして中火で5分加熱する。

2 ふたの隙間から蒸気が出たらふたを開け、汁気をきったさば、ミニトマト、オクラ、ほうれん草、ケッパーを加え B、ふたをして中火にし、5分加熱する。仕上げに黒こしょうをふる。

雑穀米おにぎり

1人分/120g　195kcal　**P** 3.4g　**F** 0.6g　**C** 42.2g

Dinner MENU 9

1人分　450kcal　野菜量:203g
Ⓟ29.7g　Ⓕ13.5g　Ⓒ52.5g

"若返りのビタミン"と呼ばれるビタミンEを含む
さばやニラは老化の原因になる活性酸素を抑える働きも。
調味料は最後に入れることで塩味を感じやすくなります。

さば缶とニラの味噌煮込みうどん

[材料] 2人分

さば缶 … 1缶 （正味190g）

キャベツ … 220g
＊3cm角に切る

ニラ … 1束 （100g）
＊3cmの長さに切る

えのき … 1株 （85g）
＊石づきを取り、半分の長さに切ってほぐす

しょうが … 10g ＊すりおろす

味噌 … 大さじ1

冷凍うどん … 2玉 （180g×2）

ごま … 小さじ2

[作り方]

1 鍋にキャベツ、さば缶（缶汁ごと）、ニラ、えのきを入れ Ⓐ、ふたをして中火にかける。

2 ふたの隙間から蒸気が出たら極弱火にし、5分加熱する。

3 中火にし、しょうが、水200ml（分量外）を入れ、味噌を溶き、うどんを入れる Ⓑ。ふたを開けたまま、うどんがあたたまるまで5分ほど煮込み、ごまをふる。

Dinner MENU **10**

1人分　355kcal　野菜量:265g
Ⓟ23.0g　Ⓕ3.7g　Ⓒ60.2g

高たんぱく、低脂質のえびはダイエットの味方。
イカやタラに置き換えるのもおすすめです。
れんこんや玄米の歯ごたえで満腹感も。

きのことえびの梅雑炊

[材料] 2人分

むきえび … 160g　＊背わたを取る

大根 … 200g　＊5mm幅のいちょう切りにする

しめじ … 100g　＊石づきを取ってほぐす

れんこん … 200g　＊1cm角に切る

小松菜 … 1株（40g）　＊3cmの長さに切る

玄米ごはん … 200g

梅干し … 2個　＊種を取る

塩 … 小さじ1/4

ごま … 大さじ1

[作り方]

1　鍋に大根、えび、しめじ、れんこん、塩を入れⒶ、ふたをして中火にかける。

2　ふたの隙間から蒸気が出たら極弱火にし、5分加熱する。

3　小松菜、玄米ごはん、梅干しを入れ、弱火にし、混ぜながら3分加熱し、ごまをふる。

Ⓐ

Dinner MENU 11

1人分　478kcal　野菜量:230g
Ⓟ19.0g　Ⓕ13.2g　Ⓒ67.4g

骨ごと食べられるししゃもは
カルシウムをたっぷりとれる優秀食材。
白ワインとバターで蒸してリッチな味わいに。

Recipe

ししゃもと野菜の白ワイン蒸し

1人分　276kcal　野菜量:230g
P 16.0g　**F** 12.8g　**C** 22.9g

[材料] 2人分

ししゃも … 140g

片栗粉 … 大さじ1
＊ししゃもに片栗粉をまぶす

セロリ … 1本（100g）
＊斜め薄切りにする

じゃがいも … 小1個（100g）
＊5mm幅の半月切りにする

しめじ … 100g
＊石づきを取ってほぐす

ミニトマト … 8個（80g）
＊ヘタを取って半切りにする

ブロッコリー … 80g
＊小房に分ける

塩 … 小さじ1/2

白ワイン … 50ml

有塩バター … 10g

[作り方]

1 鍋にフライパン用ホイルを敷き、セロリ、じゃがいも、ししゃもを並べ Ⓐ、しめじ、ミニトマト、ブロッコリーの順に入れ、塩、白ワイン、バターを入れ Ⓑ、中火にかける。

2 沸騰したらふたをし、ふたの隙間から蒸気が出たら極弱火にし、3分加熱する。

白米ごはん

1人分/120g　202kcal　**P** 3.0g　**F** 0.4g　**C** 44.5g

Dinner MENU 12

1人分　492kcal　野菜量:279g
P30.7g　**F**19.6g　**C**46.3g

発酵食品のキムチには整腸効果があり
カプサイシンで代謝を上げる発汗作用も。
ぶりの栄養素と旨みが凝縮した鍋は汁ごと召し上がれ。

Recipe

キムチ味噌ぶり鍋

[材料] 2人分

白菜 … 1/8個 (100g)
＊5cmのざく切りにする

長ねぎ … 1本 (100g)
＊斜め薄切りにする

しめじ … 100g
＊石づきを取ってほぐす

ぶり … 2切れ (200g)

キムチ … 100g

A ｜ 味噌 … 大さじ2
　｜ 酒 … 大さじ2
＊味噌を酒で溶いておく

塩蔵わかめ … 50g
＊水に5分ほど浸け、
食べやすい大きさに切る

餅 … 2個 (100g)

[作り方]

1 鍋に白菜、長ねぎ、しめじ、ぶり、キムチを入れ、**A**をかけ Ⓐ、中火にかける。沸騰したらふたをし、ふたの隙間から蒸気が出たら極弱火で5分加熱する。

2 水100ml（分量外）を入れて中火にし、沸騰したら火を止め、餅を沈め入れる Ⓑ。わかめをのせ、ふたをして餅がやわらかくなるまで余熱で置く。

Sweets

おやつのルール

本書では日本人に不足しがちな
栄養素「カルシウム」が朝・昼・夜の食事で
平均600mg摂取できるようになっています。
また、この章のおやつをひとつ足すと
1日の所要量を満たすようになっています。
カロリーや脂質の量も抑えられているため、
健康が気になる方にも最適です。

Sweets　MENU **1**

甘みがあるのに血糖値の上昇を抑える働きがあり
腸内環境の改善も見込める甘酒入りのあんこ。
小豆に含まれるサポニンには抗酸化作用も。

甘酒あんこ

全量　1111kcal
ⓟ56.4g　ⓕ5.3g　ⓒ207.5g

[材料] 出来上がり総量 700g

小豆 … 250g
水 … 1300㎖
甘酒（濃縮タイプ）… 150g
ラカントS … 70g

[作り方]

1　鍋に小豆、水を入れⒶ、沸騰したら極弱火にし、ふたをして40分ほどやわらかくなるまで加熱する。

2　ザルにあげてしっかり水気をきって鍋に戻し、中火にかける。

3　甘酒を加え、ラカントSを入れ、時々混ぜながら5分〜10分ほど水気がなくなるまで煮詰めるⒷ。木べらで鍋底をなぞると底が見えるくらいが目安。

MEMO

冷蔵保存2〜3日、冷凍保存2週間が目安です。栄養価の高い茹で汁は捨てずに飲むのもおすすめ。

Sweets　MENU 2

1個分　70kcal

P 6.7g　**F** 1.4g　**C** 7.5g

桑茶にはカルシウムが豊富に含まれており
カロリーを上げずに栄養摂取できるのがポイント。
濃厚なギリシャヨーグルトで食べごたえも◎。

Recipe

桑茶の和ティラミス

[材料] 4個分

A ｜ カッテージチーズ (裏ごしタイプ) … 100g
｜ ギリシャヨーグルト … 200g
｜ はちみつ … 大さじ1/2

甘酒あんこ (P81参照) … 200g

桑茶パウダー … 適量

[作り方]

1　Aを混ぜ合わせる。

2　グラスに1/4量ずつの甘酒あんこ、*1*を重ね入れて桑茶パウダーを茶こしでふるう。

MEMO

桑茶パウダーは抹茶パウダーでも代用可能。当日中にお召し上がりください。

STOCK Arrange

Sweets MENU 3

1個分 95kcal

P5.8g **F**1.0g **C**15.8g

しょうがには体を温める成分が含まれており
発汗作用や新陳代謝の促進が期待できます。
シナモンにはリラックス効果も。

Recipe

甘酒あんこの
チャイミルクかん

[材料]4個分

甘酒あんこ（P81参照）… 150g

低脂肪乳 … 300mℓ

ラカントS … 30g

寒天パウダー … 2g

しょうが（すりおろし）… 5g

シナモン … 小さじ1/2

MEMO

冷蔵保存は2日が目安です。

[作り方]

1 鍋にすべての材料を入れて中火にかけ、沸騰するまで
よく混ぜる。弱火にし、2分ほど加熱する。

2 グラスに1/4量ずつ入れ、粗熱が取れたら冷蔵庫で
冷やし固める。

1個分 122kcal
Ⓟ5.2g Ⓕ0.8g Ⓒ23.2g

高たんぱくで腹持ちがいいおはぎには
糖質の代謝を助けるビタミンB1が豊富。
雑穀ごはんを潰して手軽に作ります。

Recipe

甘酒あんこのおはぎ

[材料] 4個分

雑穀ごはん … 80g

甘酒あんこ(P81参照/冷やしておく) … 200g

きなこ … 大さじ1

きび砂糖 … 大さじ1

[作り方]

Ⓐ

1 雑穀ごはんをボウルに入れ、水をつけた
めん棒などで潰しⒶ、4等分に丸める。

2 ラップに1/4量の甘酒あんこを薄く広げ、
*1*をのせⒷ、包みながら丸める。

3 きなこときび砂糖をあわせ、*2*にまぶす。

MEMO

当日中にお召し上がりください。

Ⓑ

1人分　153kcal
P5.3g　F5.6g　C19.4g

糖質の吸収が抑えられる効果が期待できる桑茶。
おやつにも飲料にも使えるので
粉末タイプを常備しておくと重宝します。

Recipe

桑茶、あんこケーキ

[材料] 6人分 STAUB:16cmラウンド使用

卵 … 2個

ラカントS … 30g

米油 … 20g

甘酒あんこ (P81参照) … 150g

A 米粉 … 80g

桑茶パウダー … 10g

ベーキングパウダー … 5g

[下準備]

・オーブンを180度に温める。

・鍋の中にオーブンシートを敷き入れる。

・卵は常温に戻す。

[作り方]

1 ボウルに卵とラカントSを入れ、泡立て器でふんわりするまでよく混ぜるⒶ。米油、甘酒あんこを入れ、さらによく混ぜる。

2 **A**をふるいながら加え、さっくり混ぜ合わせるⒷ。

3 鍋に生地を流し入れ、ふたはせず180度のオーブンで35分焼くⒸ。鍋からオーブンシートごと取り出し、網にのせ、粗熱を取る。保存する場合は、完全に冷める前にラップで包む。

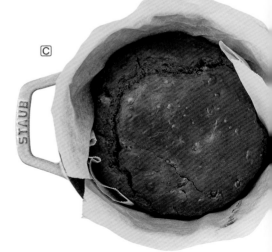

MEMO

桑茶パウダーは抹茶パウダー5gでも代用可能。
常温保存は2日が目安です。

Sweets　MENU 6

1人分　113kcal
P 1.9g　**F** 0.4g　**C** 25.7g

さつまいもに含まれる食物繊維は
コレステロールの吸収を抑える働きや
腸内環境を整える効果も期待できます。

Recipe

芋ようかん

[材料] 4人分 STAUB：16㎝ラウンド使用

さつまいも … 300g　＊皮をむいて1㎝の厚さに切って水にさらす

A | 低脂肪乳 … 100㎖
　 | 粉寒天 … 2g
　 | ラカントS … 40g

[作り方]

1 鍋に50㎖（分量外）の水を入れ、オーブンシートを敷き入れる。さつまいもを入れ Ⓐ、ふたをして中火にかけ、蒸気が出たら極弱火にし、10分加熱する。

2 小鍋に **A** を入れ、混ぜながら沸騰したら1分煮立たせる。

3 *1* の鍋の水分を捨て、さつまいもをめん棒で潰す Ⓑ。

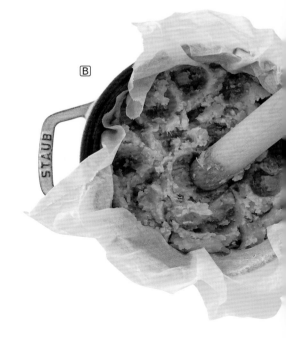

4 *2* を入れてひと混ぜし、表面をならす。

5 鍋ごと網にのせ、粗熱が取れたらふたをして冷蔵庫に入れ、冷やし固める。シートごと取り出して切り分ける。

MEMO

冷蔵保存は2〜3日が目安です。

Sweets　MENU 7

1人分　121kcal

P3.9g　**F**6.1g　**C**12.5g

きなこには体内で合成することのできない
必須アミノ酸、必須脂肪酸が多く含まれるため
健康維持のためにも定期的にとりたい食材です。

Recipe

きなこカステラ

[材料] 6人分 STAUB:16cmラウンド使用

卵 … 2個

きび砂糖 … 40g

はちみつ … 5g

低脂肪乳 … 15g

米油 … 10g

米粉 … 30g

きなこ … 20g

[下準備]

・オーブンを160度に温める。

・フライパンに水を入れて40度程度に
　温める（湯せん用）。

・鍋にオーブンシートを敷き入れる。

[作り方]

1 ボウルに卵を割り入れ、砂糖、はちみつを加える。フライ
パンにボウルを入れ、湯せんにかけながら、泡立て器で白
くもったりするまで泡立てるⒶ。

2 *1*を湯せんからはずし、別のボウルに牛乳、米油を入れ、
湯せんにかけながら、生地を40度程度に温める。

3 *1*のボウルに米粉、きなこをふるいながら加え、ゴムベラ
ですくい上げるように粉気がなくなるまでふわっと混ぜ、
*2*を加えて混ぜるⒷ。

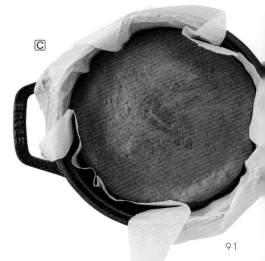

4 鍋に生地を流し入れ、ふたはせず160度のオーブンで
30分焼くⒸ。鍋からシートごと取り出し、網にのせ、上
部をシートで包み込む。粗熱が取れたらシートをはずし、
ラップで包んで保存する。

MEMO

常温保存は2日が目安です。

Sweets　MENU **8**

1人分　90kcal
P7.1g　**F**3.4g　**C**6.9g

カッテージチーズは牛乳を酸で固めたもの。
低脂質でカルシウムも摂取できます。
消化がゆっくりで腹持ちが良いというメリットも。

甘酒バスクチーズケーキ

[材料] 6人分 STAUB:16cmラウンド使用

卵 … 2個

カッテージチーズ（裏ごしタイプ）… 200g

ラカントS … 50g

甘酒（濃縮タイプ）… 50g

米粉 … 20g

レモン汁 … 1/2個分（10g）

[下準備]

・オーブンを210度に温める。

・鍋にオーブンシートを敷き入れる。

[作り方]

1 すべての材料をボウルに入れ、なめらかになるまでミキサーなどにかける。

2 鍋に生地を流し入れ、ふたはせず210度のオーブンで35分焼く。

3 鍋ごと網にのせ、粗熱が取れたらふたをして冷蔵庫に入れて冷やす。翌日以降にシートごと取り出す。

MEMO

冷蔵保存は1週間が目安です。日が経つほどなじんで美味しくなります。

Ⓐ

普段、こんなの食べてます！

日ごろ、私が食べている朝・昼・夜のメニュー例をご紹介します。
レシピのアレンジや食材の代用、外食する際のポイントなども参考までに。

 Morning ／ 仕事前の一番時間が取れる朝にしっかり食べるのが習慣。
汁物は満足感を上げるので野菜たっぷりで作ることが多いです。

①蒸し大豆は時間がない時に便利。足りないたんぱく質をしらすで補う。②大豆鶏そぼろは冷凍があったのでストウブで野菜と一緒に加熱。スープは無印良品の即席。③鶏むねの唐揚げ風を桑茶ファーストで。④気分を変えて炭水化物はストウブ焼き芋。たっぷりの野菜で満足◎。⑤金柑の下はカッテージチーズ。豆がなかったのでさば缶を使った。⑥この日は余裕があったので小鉢に盛り付けて。海藻も冷蔵庫に常備すると一品に。⑦チリビーンズと野菜の洋風な朝食。焼き芋はカッテージチーズとシナモン、はちみつをかけてデザート風に。⑧蒸し大豆はサラダに。パンはカッテージチーズとラカントシロップをかけた。⑨蒸し鶏むねの作り置きがあったのでサラダに。オートミールとココアパウダー、ヨーグルトを混ぜてミックスベリーと一緒に。

昼 Lunch

比較的余裕がない昼は作り置きが便利。
自炊、外食問わず、お肉はヘルシーで
ボリュームのある鶏肉を選ぶことが多め。
彩りのよい野菜は心の満足度もアップ。

①外食はサラダ専門店でたんぱく質を補給。②おうちごはんは鶏むね肉を焼いて。③料理教室の試作を試食。豚肉は週に一回までにしている。④こんにゃくやきのこ、大根でおなかいっぱいに。⑤野菜の種類が多いと満足度アップ。生野菜も添えるとボリューム満点。

夜 Dinner

鮭とさばはアレンジしやすく栄養価も
高いので夜ごはんに欠かせない魚。
良質な脂は積極的にとっています。
忙しいときは焼くだけ、蒸すだけでも。

①鮭と野菜たっぷりのワンストウブペンネ。減量中も満足感あり。②春キャベツが美味しい季節だったので鮭と一緒に蒸して。③減量期の外食はお寿司が便利。茶碗蒸しから食べておなかいっぱい。④焼きさばが小さかったので足りないたんぱく質は牛で補った。⑤ホイルにわかめ、タラ、少量のチーズとトマトケチャップでホイル蒸し。

著者：**大橋由香**（おおはし ゆか）

料理研究家、神奈川県厚木市のストウブビストロ「はるひごはん」店主。調理学校卒業後、フレンチレストランやカフェで経験を積み、結婚、出産を経て2014年にカフェオープン。企業のレシピ開発、イベント講師等で活躍中。はるひごはんオンライン料理教室、YouTube「ずぼら料理教室」主宰。2011年よりツヴィリング J.A. ヘンケルス ジャパンより依頼を受け、百貨店での調理デモンストレーションを全国で開催。最近は筋トレにハマり、2023年5月にパーソナルジム「HARUHI BODY＋（はるひボディプラス）」をオープン。食と運動の大切さをたくさんの人に知っていただけるよう活動中。

医学監修：**堤　貴大**（つつみ たかひろ）

平成26年 山梨大学医学部医学科卒業。山梨県立中央病院、北里大学病院での勤務を経て現在、山梨大学医学部附属病院糖尿病・内分泌内科に所属。山梨県内の病院で糖尿病をはじめとする生活習慣病の診療に従事。日本内科学会認定医、日本糖尿病学会専門医、日本内分泌学会専門医、日本抗加齢医学会専門医。

栄養監修：**前田量子**（まえだ りょうこ）

料理家。管理栄養士。一般社団法人日本ロジカル調理協会代表理事。和洋女子大学大学院（総合生活研究科）に在学。東京理科大学卒業後、織田栄養専門学校にて栄養学を学ぶ。東京會舘、辻留料理塾、柳原料理教室、ル・コルドンブルーにて料理を学ぶ。保育園、病院勤務、カフェ経営を経て、調理科学に基づいた料理を教える教室を主宰。本格的なのに誰もが再現しやすく、調理科学に裏づけされたレシピ作りに定評があり、雑誌やテレビCM、企業へのレシピ提供なども多く手掛ける。『誰でも1回で味が決まるロジカル調理』などロジカルシリーズ（すべて主婦の友社）、『前田式"味つけ調味料"でおいしい減塩』（文化出版局）など著書多数。

ストウブまかせの野菜たっぷりレシピ

1食200gの野菜をラクラク摂取！

2023年7月1日　第1刷

著者	大橋由香
医学監修	堤 貴大
栄養監修	前田量子

発行人	宇都宮誠樹
編集	熊谷由香理
発行所	株式会社パルコ　エンタテインメント事業部
	〒150-0042　東京都渋谷区宇田川町15-1
印刷・製本	図書印刷株式会社

Printed in Japan
無断転載禁止

ISBN978-4-86506-419-3 C2077
©2023 Yuka Ohashi

落丁本・乱丁本は購入書店名をご記入の上、
小社編集部あてにお送りください。
送料小社負担にてお取り替えいたします。
〒150-0045
東京都渋谷区神泉町8-16
渋谷ファーストプレイス
パルコ出版　編集部

デザイン：高橋朱里（マルサンカク）
写真：鈴木信吾（SKYLIFE studio）
スタイリング：宮嵜夕霞
調理アシスタント：吉岡千佳、山田陽菜、仙石佳織、前田千佳
DTP：鬼丸美絵
校閲：聚珍社

道具協力：STAUB（ストウブ）
ツヴィリング J.A. ヘンケルス ジャパン
電話：0120-75-7155
https://www.zwilling.com/jp/staub/
デニオ総合研究所
電話：03-6450-5711
http://www.deniau.jp

撮影小物協力：UTUWA
電話：03-6447-0070